저학년 공부사전

2019년 1월 25일 초판 1쇄 발행

글 | 박신식
그림 | 양수홍

펴낸이 | 정동훈
편집전무 | 장정숙
펴낸곳 | (주)학산문화사
등록 | 1995년 7월 1일 제3-632호
주소 | 서울시 동작구 상도로 282 학산빌딩
전화 | 편집문의 828-8872~3, 주문전화 828-8985
팩스 | 828-8850(편집부), 823-5109(영업부)

편집 | 김양섭, 김상범
디자인 | 장현순
마케팅 책임 | 최낙준
마케팅 | 김관동, 이경진, 심동수, 고정아, 고혜민, 서행민
제작 | 김장호, 김종훈, 정은교, 박재림

ⓒ박신식, 양수홍 2019
ISBN 979-11-348-1225-6 74810
ISBN 979-11-348-1223-2 (세트)

※ KC마크는 이 제품이 공통안전기준에 적합하였음을 의미합니다.
※ 이 책은 저작권법에 따라 한국 내에서 보호받는 저작물이므로 무단 전재와 무단 복제를 금합니다.
　이 책의 전부 또는 일부를 이용하려면 반드시 저작권자와 출판사의 동의를 받아야 합니다.
※ 잘못된 책은 바꾸어 드립니다.

저학년 공부 사전

| 머리말 |

공부가 시작되는 중요한 시기에 스스로 공부 습관을 기르자!

1학년!

새롭고 낯선 세계인 '학교'와 마주하게 되고

'공부'라는 것을 시작하게 되는 시기야.

그렇다고 너무 불안해하거나 긴장하지 마.

아침에 일어나 세수하고 양치질하는 것처럼

'공부'도 매일 반복되는 일상생활일 뿐이니까.

그래도 '공부'를 잘하면 더 좋겠지?

그러려면 자신만의 '공부 습관'을 빨리 찾아야 해.

처음에는 자신이 습관을 만들지만

나중에는 습관이 자신을 만들기 때문이지.

초등학교에서 만든 공부 습관은 평생 공부의 밑바탕이 돼.

게다가 빠르게 변하는 세상에서는

지식보다는 평생 쓸 수 있는 공부 습관을 가지는 것이 중요하지.

그래서 초등학교 1학년 때는 '공부하는 습관'만 길러도 충분해.

《저학년 공부 사전》으로

'공부'를 조금이나마 이해하고 친해졌으면 해.

더불어 자신만의 '공부 습관'을 만들어

기초를 튼튼히 하고 꾸준히 노력하는 학생이 되었으면 해.

그러면 자신의 꿈을 이룰 수 있는 기회를 더 많이 얻게 될 테니까.

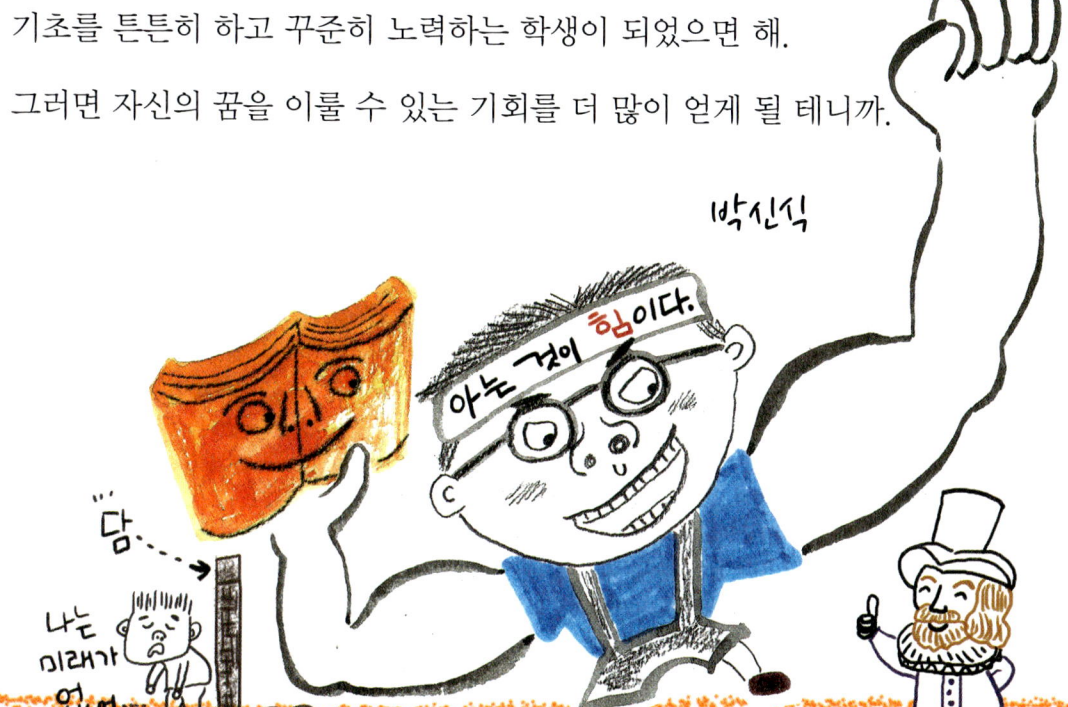

| 차례 |

1. 1학년의 힘을 보여 줘 · 8
2. 공부는 왜 하냐고? · 10
3. 공부는 스스로 하는 거야 · 12
4. 사랑하는 사람이 누구야? · 14
5. 난 할 수 있어 · 16
6. 꿈을 갖고 믿어 봐 · 18
7. 나의 '롤모델'과 '멘토'는? · 20
8. 계획을 세워 실천하자 · 22
9. 정신 차리게 하는 명언 · 24
10. 유혹을 이겨 내자 · 26
11. 호기심을 갖고 질문하자 · 28
12. 정리 정돈을 잘하자 · 30
13. 잠을 충분히 자자 · 32
14. 공부는 '아침밥의 힘'으로 · 34
15. 머리가 좋아지는 음식 · 36
16. 집중력과 산만함 · 38
17. 머리에 쏙쏙 기억해 보자 · 40
18. 체력이 강한 아이가 공부도 잘해 · 42
19. 집안일도 공부다 · 44
20. 공부는 책상에 바르게 앉아서 · 46
21. 잘 참아야 공부를 잘한다고? · 48
22. 연필 사용하는 힘을 기르자 · 50
23. 글씨를 바르게 쓰자 · 52
24. 손 조작 능력을 기르자 · 54
25. 내일을 준비하는 보물 상자 · 56
26. 학교 공간과 시간에 대해 알자 · 58
27. 선생님을 믿고 따르자 · 60
28. 교과서가 훌륭한 스승이다 · 62
29. 수업에 집중하자 · 64
30. 모든 과목의 기초, 국어 · 66

㉛ 나의 미래, 독서에 달려 있다 · 68

㉜ 효과적으로 책을 읽자 · 70

㉝ 도서관에서 놀자 · 72

㉞ 한자에 관심을 갖자 · 74

㉟ 소리 내어 읽자 · 76

㊱ 발표하자 · 78

㊲ 대화의 기본은 맞장구 · 80

㊳ 받아쓰기를 잘하고 싶어? · 82

㊴ 틀리기 쉬운 맞춤법 · 84

㊵ 머리보다 더 똑똑한 메모 · 88

㊶ 국어놀이를 하자 · 90

㊷ 수학은 매일매일 · 94

㊸ 수학놀이를 하자 · 96

㊹ 예습과 수업, 복습의 순서대로 공부하자 · 100

㊺ 실천하는 것이 진짜 공부야 · 102

㊻ 사회에서 일어나는 일을 이해하자 · 104

㊼ 관찰하고 실험하자 · 106

㊽ 예체능 하나쯤은 취미 생활로 배우자 · 108

㊾ 안전도 공부다 · 110

㊿ 평가를 두려워하지 마 · 112

51 놀기도 잘해야 공부도 잘한다고? · 114

52 창의력을 기르자 · 116

53 앞장서자 · 118

54 친구와 잘 지내는 법 · 120

55 친구야, 내가 가르쳐 줄게 · 122

56 친구 이름에 '님'을 붙이라고 · 124

57 체험 학습을 하자 · 126

58 솔직한 일기를 쓰자 · 128

59 방학을 잘 이용하자 · 130

60 공부 안 하는 학생의 습관을 갖지 말자 · 132

1학년의 힘을 보여 줘

초등학생이 되었어. 유치원으로 돌아갈 수 없지.
그리고 더 이상 어린아이가 아니야.

초등학교는 처음으로 진짜 '공부'를 배우는 곳이야.

사실 초등학교에 들어오기 전에도 공부는 했어.

밥 먹는 법, 옷 입는 법, 화장실 사용법,

숨바꼭질하는 법! 이 모든 것들이 공부야.

다만, 초등학교부터 더욱더 많은 기초 지식을

배울 뿐이지.

공부가 낯설고 무시무시한 괴물 같다고?

그럼 괴물에게 잡아먹힐래? 아니면, 겁먹지

않고 괴물을 뻥~ 걷어차 버릴까?

이제 '1학년의 힘'을 보여 주자고!

공부는 왜 하냐고?

공부가 없어도 되는 거면 이미 없어졌을 거야.
하지만 공부는 아직도 우리 곁에 있어.

공부는 왜 하는 걸까? 부모님이 시켜서?
칭찬이나 상을 받으려고? 좋은 대학이나 직장에
가려고? 공부는 지혜를 얻기 위해서 하는 거야.
지혜는 곧 살아가는 힘을 줘.
내가 살아가는 힘을 얻기 위해 공부하는 거지.
공부는 나 자신을 더 귀하고 소중한 사람으로
만들어 줘. 즉, 나 자신의 가치를 높이기 위해
공부하는 거지.
결국 공부해서 남 주는 게 아니야!
날 위해서 하는 거지.

공부는 스스로 하는 거야

공부는 누군가 억지로 시켜서 하는 것보다
내가 스스로 할 때 효과가 더 좋아.

내가 스스로 계획을 세우고 계획대로 공부하는 것이
바로 '자기 주도 학습'이지.
그리고 공부하는 방법은 저마다 달라!
남에게 맞는 옷이 나에게 맞지 않는 것처럼
나만의 공부하는 방법을 찾아야 해.
"물고기 한 마리를 얻으면 하루를 살 수 있고,
물고기 잡는 법을 배우면 평생을 살 수 있다."
지금 당장 공부를 잘하는 것보다는
나만의 공부하는 방법을 만드는 게 중요해.
컴퓨터 게임은 누가 시키거나
가르쳐 주지 않아도 잘하지?
그건 공부도 스스로 잘할 수 있다는 뜻이야.

사랑하는 사람이 누구야?

성공한 사람들에게 물었어.
"살아가는 데 있어서 제일 중요한 것이 무엇인가요?"

성공한 사람들은 대부분

"나 자신", "나 자신을 사랑하는 것"이라고 대답했지.

우리는 가끔 가장 소중한 것을 잊고 있어.

그것은 바로 자신을 사랑하는 일이지.

누군가 나에게 "못한다", "못났다"라고 말할 수 있어.

하지만 그들이 내 인생을 대신 살아 줄 수 있을까?

아니야. '나'라는 존재는 이 세상에 단 하나뿐이니까.

공부뿐만 아니라 다른 모든 일들도 자신을 사랑하는 것이

바탕이 되어야 해. 지금부터라도 "난 날 사랑해!" 하고

말하며 자기 자신을 끊임없이 사랑하고 또 사랑해 봐.

그러면 무슨 일을 하든 좋은 결과를 얻을 테니까.

난 할 수 있어

안 된다, 못한다.
이런 생각을 자꾸 하면 어떻게 될까?

"난 잘하는 게 아무것도 없어!"라며 단점을 찾고
"난 공부를 못할 거야."라고 부정적인 생각을 하면
공부에 의욕을 잃게 되고, 공부 못하는 것을
자연스럽게 받아들여 포기하게 되지.
모든 것은 마음먹기에 달려 있어.
먼저 "난 할 수 있어!"라고 외치며
열심히 공부하겠다는 자신감을 가져!
그리고 나의 장점은 무엇인지 5개 이상 찾아봐.
'자신감'과 '긍정적인 생각'을 가져!
공부할 때 좋은 결과를 얻을 테니까.

꿈을 갖고 믿어 봐

공부할 이유가 없으면 공부할 필요가 없겠지?
꿈이 바로 공부할 이유야.

꿈은 내가 왜, 무엇을, 어떻게 공부할지

알려 주는 훌륭한 나침반이지.

내 꿈은 무엇일까? 어떻게 해야 그 꿈을 이룰 수 있을까?

공부하기 전에 잠시 눈을 감고 내가 이루고 싶은

꿈을 상상해.

"나는 무엇이 되겠다." 이렇게 자기에게 다짐하고

그 꿈이 이루어질 거라 믿고 공부하는 거야!

나의 '롤 모델'과 '멘토'는?

'롤 모델'은 '내가 존경하고 닮고 싶은 사람'이고,
'멘토'는 '경험과 지식을 바탕으로 나에게 조언해 주는 사람'이야.

자신의 꿈과 관계있는 존경하는 위인을 '롤 모델'로 삼고,
나보다 다양한 경험과 지식을 가진
부모님이나 선생님을 '멘토'로 만들어 봐.
'롤 모델'이나 '멘토'처럼 되고 싶다면
틀림없이 더 열심히 공부하고 싶다는 마음이
생길 거야.
그러다 보면 너희들도 언젠가 누군가의
'롤 모델'이나 '멘토'가 되어 있지 않을까?

계획을 세워 실천하자

'시간은 금'이라는 말 알지?
시간을 잘 이용하기 위해서는 계획표를 잘 짜야 해.

계획표는 올바른 공부 습관을 만드는 데 매우 중요하지.
계획표를 만들 땐
'오후 1시~3시 공부, 5~7시 휴식'처럼 시간으로
짜기보다는 '30분 독서, 동시 10번 읽기, 줄넘기 200번
하기'처럼 매일 꾸준히 지킬 수 있는 구체적인 목표를
정해 주별 또는 월별로 계획표를 짜는 게 좋아.
계획표가 만들어지면 가까운 곳에 붙여 놓고
자꾸 쳐다보며 확인해!
계획표로 자신과의 약속을 만드는 것도 중요하지만
더 중요한 것은 자신과의 약속을 지키는 습관이니까.

정신 차리게 하는 명언

공부를 하다 보면 지치거나
하기 싫을 때가 있어.

그럴 때는 공부에 자극이 되는 명언을

책상에 붙여 놓고 읽어 봐!

마음을 다잡을 수 있을 거야.

- 아는 것이 힘이다. – 프랜시스 베이컨
- 배움을 소홀히 하는 사람은 미래가 없다. – 에우리피테스
- 배움은 우연히 얻어지는 것이 아니라 열성을 다해 찾고 부지런히 집중해야 얻을 수 있다. – 애비게일 애덤스
- 충분히 생각하고 계획을 세우되, 일단 계획을 세웠거든 꿋꿋이 나가야 한다. – 레오나르도 다빈치
- 배움은 미래를 위한 가장 큰 준비이다. – 아리스토텔레스
- 하루 공부하지 않으면 그것을 되찾기 위해 이틀이 걸린다. 이틀 공부하지 않으면 그것을 되찾기 위해 나흘이 걸린다. 1년 공부하지 않으면 그것을 되찾기 위해 2년이 걸린다. – 탈무드

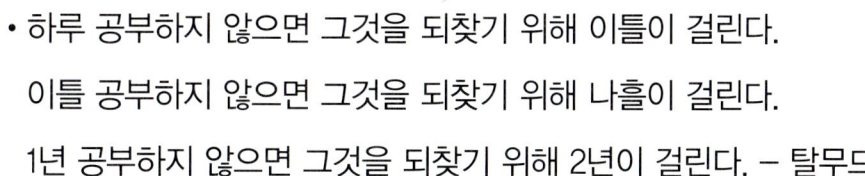

유혹을 이겨 내자

공부보다 재미있는
텔레비전, 컴퓨터, 스마트폰의 유혹을 이겨 내야 해!

보고 싶은 텔레비전 프로그램만 정해서 봐야 하고
인터넷 게임은 처음부터 가까이하지 말아야 하며
공부할 때는 스마트폰을 꼭 꺼야 하지.
학원에 가야 하거나, 숙제를 해야 하는데
친구가 놀자고 하면
"지금은 내가 해야 할 일이 있으니
내일 또는 다음에 놀면 안 될까?" 하고
정중하게 유혹을 이겨 내는 것이 어떨까?
이런 유혹들을 이겨 내지 못하면
유혹에 끌려다니며 공부를 멀리하게 되는 거야.

호기심을 갖고 질문하자

공부하다 보면 이것저것 궁금한 것이 많지?

"눈이나 비는 어떻게 내리는 거지?"

"비행기는 어떻게 하늘을 날 수 있을까?"

"무거운 배는 어떻게 물 위에 뜨지?"

이 세상 모든 지식은 호기심에서 출발했어.

호기심을 갖는 것은 탐구심이 강하고

공부에 대한 의욕이 높다는 뜻이지.

호기심이 생기면 놀림을 받을까 봐 두려워 말고

부모님과 선생님께 물어보거나 스스로 백과사전에서

찾아봐. 호기심이 풀리면 오랫동안 기억할 수 있어.

이렇게 호기심을 해결하는 과정이 바로 살아 있는 공부지.

정리 정돈을 잘하자

상자에 물건을 아무렇게나 쑤셔 넣으면 얼마 넣지 못해.
하지만 정리 정돈을 잘해서 넣으면 많이 넣을 수 있지.

우리 뇌도 정리 정돈을 잘하면 많은 정보를 넣을 수 있어.
즉, 공부를 잘할 수 있는 거야.
뇌 정리 정돈의 시작은 공부방, 책상, 사물함, 가방 등
눈에 보이는 물건들부터 깔끔하게 정리 정돈하는 거야.
공부와 관계없는 것들은 멀리, 공부에 필요한 것들은
가까이 두는 것도 좋지.
정리 정돈을 잘하면 생각과 행동도 바르게 정리 정돈되고
집중력이 좋아져 공부도 잘하게 된다는 사실을 잊지 마!

잠을 충분히 자자

우리는 살아가면서 1/3을 잠자는 데 보내고 있어.
하지만 잠은 공부의 적이 아니야.

잠을 충분히 자야 몸과 정신의 피로가 풀리고
뇌 활동이 활발해져서 공부를 잘할 수 있어.
또, 자는 동안 성장 호르몬이 나와
키도 쑥쑥 자라게 해 줘.
그래서 하루에 8~9시간은 잘 수 있도록
10~11시에는 자고, 6~8시에는 일어나는
규칙적인 생활 습관을 길러야 해!

공부는 '아침밥의 힘'으로

늦잠을 잤거나 귀찮다고
아침밥을 안 먹니?

아침밥을 안 먹으면

저녁부터 이튿날 점심때까지 뇌도 굶는 거겠지?

영양분이 부족한 뇌는 금방 지쳐서 공부를 해도

받아들이지 못하고 공부에 대한 흥미가 사라지지.

아침밥을 먹으면?

뇌가 영양분을 얻어 활발하게 돌아가겠지?

그래서 실수도 적어지고 문제 해결 능력도 빨라져

많은 양의 공부를 저장할 수 있지.

그뿐 아니라 집중력, 창의력, 사교성도 높여 주지.

머리가 좋아지는 음식

머리가 좋아지는 음식이 따로 있을까?

시금치, 당근, 쑥갓 등의 녹황색 채소에는
집중력과 기억력을 높이는 비타민B가 많이 들어 있어.
연어, 정어리, 고등어 등의 생선에는
뇌를 튼튼하게 해 주는 DHA가 많이 들어 있지.
그밖에도 고기, 생선, 달걀, 치즈 등 단백질이 많은
음식과 파, 시금치, 된장 등 철분이 많은 음식은
우리 몸을 튼튼하게 만들어 주지.
또, 과일을 많이 먹으면 스트레스를 잘 이겨 낼 수 있어.
하지만 머리나 몸에 좋은 음식이라고 과식이나
편식을 하면 안 되겠지?

집중력과 산만함

집중력이란 마음을 한군데 모으는 힘이야!

책상에 오래 앉아 있다고 공부를 많이 한 게 아니야.
쓸데없는 생각을 하면서 1시간 공부하는 것보다는
집중해서 10분 공부하는 것이 더 효과적이지.
집중력이 뛰어날수록 공부를 잘하는 거야.
집중력이 떨어진 걸 산만하다고 해.
공부할 때 짜증을 내거나, 수업 중에 돌아다니거나,
하품을 하거나, 엉뚱한 질문이나 대답을 했다면 산만한
거야. 공부하기 전에 집중력을 높이고 싶다면
소리 내어 책을 1분 동안 읽거나 숨을 크게
들이마시고 내쉬는 걸 5~10번 하거나
엄지손톱을 10초 동안 쳐다본 뒤 눈을 감고 5초 동안
엄지손가락 모양을 생각해 봐.

머리에 쏙쏙 기억해 보자

우리 기억은 배운 것의 절반을 다음 날 잊어버려.
그래서 오랫동안 기억하는 능력을 길러야 해.

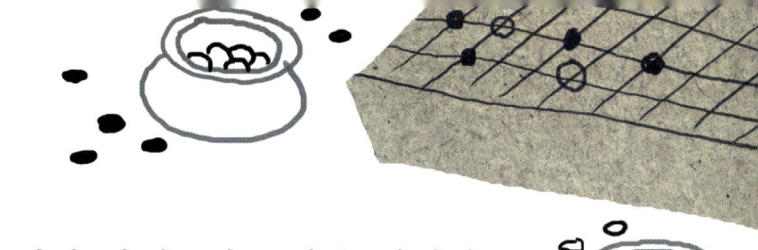

평소 퍼즐 맞추기나 바둑이나 장기, 체스 같은 게임과 카드 뒤집기 놀이는 집중력과 함께 기억력을 높여 주지. 간단한 기억법을 익히는 것도 좋아.

'암송법'은 공부한 내용을 처음부터 끝까지 떠올리는 방법이고, '최초 글자법'은 '수금지화목토천해'가 태양계 행성인 수성, 금성, 지구, 화성, 목성, 토성, 천왕성, 해왕성의 순서를 나타낸 것처럼 최초의 글자만을 따서 기억하는 방법이야.

'링크 기억법'이란 '원숭이 엉덩이는 빨개, 빨가면 사과, 사과는 맛있어, 맛있으면 바나나…….'처럼 계속 고리를 연결하듯 이어서 생각하는 기억법이지.

체력이 강한 아이가 공부도 잘해

공부는 장거리 달리기야.
그래서 체력은 너무나 중요하지.

체력을 기르기 위해서는 꾸준히 운동을 해야 해!
가벼운 달리기, 팔굽혀펴기, 맨손 체조, 줄넘기,
배드민턴…….
꾸준히 할 수 있는 운동을 한 가지 골라서 매일 해 봐!
유산소 운동을 매일 하면 체력을 기를 수 있을 뿐만
아니라 기억을 담당하는 뇌의 크기가 커져 기억력이
좋아지고 스트레스를 없애 공부가 잘되게 도와주며
자신감도 심어 줄 거야.
운동도 공부의 연속이라는 거 잊지 마!

집안일도 공부다

공부하니까 집안일은 안 해도 되는 걸까?

밥 먹기 전에 손을 씻은 뒤 식탁에 수저를 놓고
밥 먹으며 식사 인사를 하지.
"엄마, 오늘 국 맛있었어요."
"생선구이 맛있게 잘 먹었습니다."
밥 먹고 자기가 먹은 수저와 밥그릇, 국그릇은
자기 손으로 설거지통에 넣어.
옷은 스스로 골라서 입고 양말이나 벗은 옷은
빨래 바구니에 넣고 자기가 신은 실내화는 스스로
빨래도 해 봐. 작은 집안일이라도 스스로 하다 보면
자립심도 기르고, 생활의 기술도 배우고
부모님의 사랑도 받아 공부도 더 잘될 테니까.

공부는 책상에 바르게 앉아서

책상 위에는 공부에 필요한 물건만 놔두고
나머지는 치워야 마음을 가다듬고 공부할 수 있지.

그리고 공부를 많이 하려면
책상에 무조건 오래 앉아서 공부하는 습관을 길러야 해.
한번 앉으면 최소 20분은 앉아야 하지.
그런데 자세가 바르지 못하면
소화가 잘 되지 않고, 허리가 뒤틀릴 수도 있고,
집중력도 흐트러지고, 쉽게 피로해져.
앉을 때에는 허리를 똑바로 세우고,
엉덩이를 의자 뒤에 바짝 붙이고 허리를 세워.
의자는 자신의 배가 책상에 맞닿을 정도로 붙이고
가슴과 어깨를 펴고 턱을 잡아당기며,
목을 약간 숙인 자세가 좋아. 우등생의 99%는
엉덩이의 힘으로 이루어진다는 거 잊지 마!

잘 참아야 공부를 잘한다고?

잘 참는 아이들이 공부도 잘하고
어른이 되어서도 잘 산다는 연구 결과가 있어.

참을성은 태어나면서 갖고 태어나는 게 아니야.

스스로 노력해서 길러야 하는 거지.

다음과 같은 일들이 참을성을 길러 줘.

- 부모님보다 먼저 숟가락 들지 않기.
- 물건 사 달라고 떼쓰지 않기.
- 10분 이상 책에서 눈을 떼지 않고 읽기.
- 20분 이상 의자에 앉아 있기.
- 놀 때 장난감 하나를 가지고 꾸준히 놀기.
- 블록이나 레고 등으로 작품 만들기.
- 하나를 시작하면 끝까지 하기.
- 내 일은 내가 하기.

그렇다고 급한 볼일(!)을 참으면 안 되겠지?

연필 사용하는 힘을 기르자

초등학교에 입학하면 글씨 쓰기보다
선긋기, 지그재그 그리기, 색칠하기 등을 먼저 해.

연필로 원하는 문자나 도형을
그리거나 색칠할 수 있는 힘을 기르기 위해서야.
공부할 때 연필을 사용하기 때문에
바른 자세로 연필을 쥐고 써야 해.
엄지와 검지 사이에 연필을 두고 고정시킨 뒤
중지 맨 끝마디에 올려놓아야 하지.
연필을 잘못 쥐면 학습 자세가 나빠지고
그러다 보면 오랫동안 공부에 집중할 수 없게 되지.
손과 젓가락으로 동전, 바둑알, 콩알 등을 집어 옮겨 봐.
연필을 잡는 힘을 기르는 데 도움이 될 거야.

글씨를 바르게 쓰자

글씨는 다른 사람과 생각을 교환하는 방법 중 하나야.

그래서 글씨는 누가 읽어도 알아보도록
똑바로 깨끗하게 써야 해.
글씨체는 한번 굳어지면 평생 고치기 힘들기 때문에
처음 글씨를 쓸 때부터 글자와 숫자를 쓰는
획순까지 정확하게 써야 해!
바른 글씨를 쓰려면 연필을 바로 잡고
네모 칸 공책을 활용하여 ▢, △, ◇ 등의
글자의 모양을 생각하면서 잘 써진 글씨를
베껴 쓰거나 바른 필순과 바른 모양으로
글씨를 써야 집중력이 높아지고, 지적 능력이
우수해지며, 언어 표현도 명확해지고,
미적 감각도 좋아지지.

손 조작 능력을 기르자

손 조작 능력이 좋으면 뇌 발달이 빨라져
학습 능력이 좋아지지.

손 조작 능력은 연습으로 기를 수 있어.
자를 대고 선을 긋는 연습과
모양자를 대고 모양 그리는 연습을 해 봐.
다양한 모양을 오리는 가위질을 하고
같은 모양을 오려서 풀로 붙여 봐.
색종이로 여러 가지 모양을 접고 젠가, 공기놀이,
딱지치기 같은 놀이를 자주 해 봐.
스티커를 떼어서 그 모양에 맞춰 붙여 보고
우유팩도 혼자 열 수 있어야 해.
의외로 쉽지 않을 거야. 하지만 열심히 하면
손 조작 능력도 길러지고 자신감과 함께
학습 능력도 길러지겠지?

내일을 준비하는 보물 상자

준비물은 부모님이 챙겨 주는 게 아니야.

연필이나 지우개 없이 학교에 갔다면? 가정통신문을 제때 내지 않았다면? 준비물을 못 챙긴 건 부모님 탓일까? 부모님 준비물이 아니잖아? 준비물은 내일을 준비하는 보물 상자야! 그러므로 매일 잠자기 전에 미리 챙겨야 해. 가방 속의 것을 모두 꺼낸 뒤 연필이 깎여 있는지, 필통에 빠진 것은 없는지, 시간표를 살펴보고 준비할 것은 없는지, 알림장에 쓰인 것 가운데 빠진 것은 없는지, 가정통신문 파일에 챙겨가야 할 것은 없는지, 꼼꼼하게 확인하고 스스로 챙겨 봐!

학교 공간과 시간에 대해 알자

학교는 친구들과 선생님이랑 가장 많은 시간을 보내는 곳이야.
그러므로 학교 공간과 시간에 대해 잘 알아야 해.

교실, 학년연구실, 교과실, 학습준비물실,

교무실, 교장실, 행정실, 등사실,

급식실, 보건실, 도서관, 상담실,

과학실, 음악실, 컴퓨터실, 돌봄교실,

화장실, 신발장, 음수대,

체육관, 운동장, 놀이터,

학교보안관실, 주차장이 어디에 있는지 알아 두고

등교 시간, 수업 시간, 쉬는 시간, 점심시간, 하교 시간을

정확하게 알아두면 낯선 학교 생활이 두렵지 않을 거야!

선생님 심부름도 자신 있게 할 수 있을 거야!

선생님을 믿고 따르자

선생님 말을 잘 듣는 아이가 성적도 좋아.

학교에서의 평가는 선생님이 하니까

수업 시간에 선생님 말을 잘 듣는 아이들이 성적도 좋지.

선생님을 믿고 따라야 해.

그러면 수업 시간에 집중력이 커지고

정서적인 안정감과 자신감을 얻게 되니까.

선생님을 믿고 따르기 위해서는 선생님의 장점을 찾아봐.

"목소리가 좋아. 항상 단정해. 웃음소리가 재미있어."

그리고 '선생님은 내가 잘한다고 믿는다.'라고

긍정적으로 생각해.

사소하고 작은 것부터 좋아하고 긍정적으로 생각하면

선생님을 믿고 따르는 것은 시간문제일 거야.

교과서가 훌륭한 스승이다

교과서란 학생들이 체계적으로 공부하도록
많은 전문가들이 애써 만든 최고로 친절한 책이야.

공부 잘하는 학생들은
'교과서가 가장 훌륭한 스승이다.'라고 생각하며
교과서를 완벽하게 이해하려고 하지.
적은 시간을 들여 큰 효과를 볼 수 있거든.
교과서를 자꾸자꾸 보다 보면
공부할 내용의 전체 흐름을 알 수 있어.
교과서를 볼 때는
중요한 부분은 밑줄을 치고
이해가 덜 된 부분은 '?' 표시,
잘 이해되지 않는 부분은 '×' 표시를 하면
나중에 중요하거나 모르는 내용을 빨리 찾을 수 있지.

수업에 집중하자

40분, 한 과목 수업 시간은 1학년에게는 긴 시간이야.
40분 동안 가만히 앉아 있는 것도 어려우니까.

수업 시간에 쓸데없는 물건을 만지작거리거나,
다리를 흔들며 수업 시간에 집중하지 못하는 동안
다른 아이들이 공부를 한다면 내가 뒤떨어지지.
그리고 자기가 아는 내용이라고
수업을 소홀히 하는 것은 어리석은 일이야.
수업 시간에는 선생님과 10번 이상 눈을 맞추려 하고
선생님의 표정, 눈짓 하나도 놓치지 않겠다는 마음으로
선생님의 말을 귀 기울여 들으며 집중해!
그리고 모르는 것은 수업 시간에 꼭 알고 넘어가야 해.
한 시간 수업을 열심히 듣는 것이
혼자 열 시간 공부하는 것보다 효과적이니까.

모든 과목의 기초, 국어

어떤 문제를 해결하기 위해서 가장 필요한 것은
문제를 이해하는 '문장 이해력'이야.

'문장 이해력'을 키워 주는 과목이 바로 국어지.
그래서 국어를 모든 과목의 기초라고 해.
다른 사람과 대화를 많이 나누고 발표를 많이
하며 연극 대본 등의 대화체 글을 많이 읽으면
〈말하기〉와 〈듣기〉 능력을 기를 수 있어.
교과서와 다양한 종류의 책을 많이 읽고
모르는 낱말을 사전에서 찾아보면
〈읽기〉 능력을 기를 수 있지.
다양한 글의 종류와 구성을 이해하고
꼬박꼬박 일기를 쓰면 〈쓰기〉 능력을 기를 수 있어.
국어가 우리말이라고 너무 가볍게 생각하지 말고
기초를 탄탄히 다질 수 있도록 노력해!

나의 미래, 독서에 달려 있다

독서를 하면 어휘력과 정보와 지식이 늘어
공부를 쉽게 만들기 때문에 공부의 밑바탕이 돼.

독서를 하면 지혜와 즐거움과 감동을 얻어
바른 인생관을 만들기 때문에 인생의 밑바탕이 돼.
그래서 나의 미래는 독서에 달렸어.
독서를 할 때는
'3일에 1권 읽고 독후감 쓰기',
'매일 30분 앉아서 독서하기',
'매일 책 100쪽 읽기' 등
구체적인 방법으로 꾸준히 실천해!
책을 읽은 뒤에는 독후활동도 해 봐!
자기가 읽은 책의 내용을 부모님께 말로
전해 주거나, 간단한 질문이나
○, × 퀴즈를 만들어 부모님과
함께하는 것도 좋아!

효과적으로 책을 읽자

모든 공부는 책을 읽는 것으로 시작하지.
공부를 잘하려면 책을 효과적으로 읽어야 해.

책은 천천히 읽으면서 어떤 이야기가 일어나는지

내용을 정확하게 이해해야 해.

그리고 자신의 책이라면

잘 모르는 낱말, 잘 이해되지 않는 문장,

기억하고 싶은 마음에 드는 문장에 밑줄을 치며 읽어.

또, 분량이 적은 책이라면 소리 내어 읽어 봐.

발음 교정과 함께 발표력을 기르는 좋은 방법이니까.

중요한 건 책을 다 읽었다고 치우지 말고

다시 읽는 습관이 필요해.

다시 읽으면 어려운 내용, 중요한 내용을 알 수 있고

이야기의 전체적인 구조도 정확하게 알 수 있거든.

도서관에서 놀자

도서관은 그 어느 곳보다 책이 많고
내 마음대로 책을 골라 볼 수 있는 지혜의 창고야.

그런데 도서관에서는 책만 읽어야 한다고?
아니야! 도서관에서 책을 읽지 않고
책을 읽는 사람들만 봐도 좋아.
요즘 도서관에서는 영화도 보여 주고
컴퓨터도 할 수 있으며
다양한 독서 행사도 하고 있지.
도서관이 쉬는 곳, 놀러 가는 곳이라고 여기고
일주일에 2~3번은 가서 쉬거나 놀아 봐!
어느새 자기 손에 책이 들려 있을 테니까.

한자에 관심을 갖자

우리가 사용하는 말에는
고유어, 한자어, 외래어, 외국어가 있어.

아버지, 어머니, 하늘, 땅 등은 토종 우리말인 고유어야.

그런데 학교, 국어, 공부 등은 한자어야.

한자로 되어 있는 이름도 많지?

이렇게 우리가 사용하는 말의 70%는 한자어야.

그래서 한자를 알면 단어나 문장의 뜻을 쉽게 이해해

언어 능력을 높이는 데 큰 도움이 되지.

먼저 가족의 이름에 담긴 한자의 의미를 알아보며

한자에 관심을 가져.

그리고 한자를 수십 번 쓰면서 외우는 것은 나중에 하고

한자의 뜻과 음을 익히는 것이 좋지!

소리 내어 읽자

책 읽기는 모든 공부의 시작이라는 거 알지?

그런데 소리 내어 읽으면
눈으로 읽고, 입으로 읽고, 귀로 듣고,
음파로 인해 온몸으로 전해져
읽기 능력이 4배가 되는 거야.
또박또박 소리 내어 읽으면
목소리도 트이고 발음이 정확해지고
끊어 읽기 능력도 좋아져.
게다가 발표 능력도 높아지고 집중력과
자신감도 좋아져 학습 효과도 높아지지.
자, 눈으로만 읽을까? 아니면 하루에
10분 정도라도 소리 내어 읽을까?

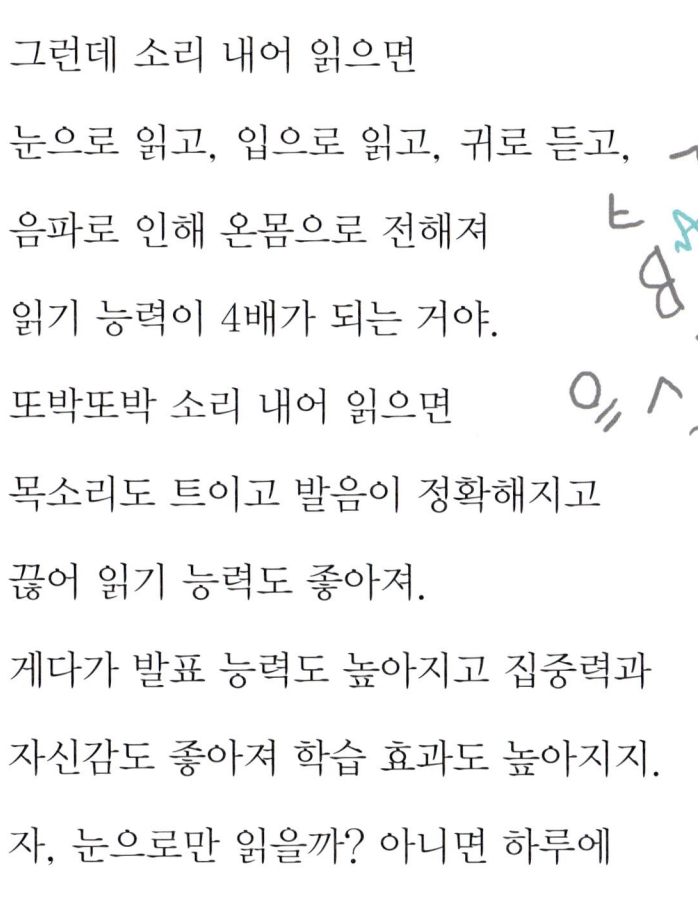

발표하자

공부를 잘하기 위해서는
자신감을 갖고 큰 소리로 발표를 많이 해.

누구나 발표할 때는 떨려. 그래도

"나는 떨려도 잘할 수 있어!"라고 생각해 봐.

발표를 잘하고 싶다면

먼저 목이 트이고 발음이 정확해야 해!

연극 대본 등의 대화체 글을 많이 읽어 보고

즐거운 일이나 화났던 일 등 여러 가지 주제를 정해

가족이나 거울 앞에서 1분 동안 말하기를 연습해 봐.

그렇게 연습하다 보면 자신도 모르게

발표 실력과 공부 실력이 쑥쑥 늘어날 거야.

대화의 기본은 맞장구

사람들은 말하고 듣는 대화를 통해 서로를 이해해.
공부도 대화를 통해 이루어지지.

그런데 자기 말만 한다면 대화가 되지 않잖아?

그래서 말하기 위해 대화하기보다는

듣기 위해 대화할 줄 알아야 해.

말할 때는 상대방 눈을 보며

상대방의 이름을 자주 불러 주면서 말해!

들을 때에도 상대방 눈을 바라보면서

"그건 아니지.", "하지만", "내가 왜 그걸 모르겠어?" 하고

상처를 주는 말 대신

"응", "그래", "맞아", "그래서?", "저런!",

"속상했겠구나!" 하고

맞장구를 쳐 주며 고개를 끄덕여 주는 게 좋아.

그러면 상대방은 말하는 게 더 재미있고

고마움을 느낄 거야.

받아쓰기를 잘하고 싶어?

받아쓰기를 잘하려면 어떻게 해야 할까?

받아쓰기에서 틀리지도 않았다는 건

듣기 능력이 좋고, 쓰기 능력도 좋다는 것이고

딴생각이나 산만한 행동을 하지 않았다는 거야.

받아쓰기를 잘하고 싶다면 맞춤법, 띄어쓰기에 주의하며

교과서 본문을 소리 내어 2~3번 읽어 봐.

받아쓰기 문제를 스스로 2~3번 쓰는 연습을 하고

부모님께 불러 달라고 해서 쓴 뒤

틀린 것은 표시해 두고 다시 써 봐.

귀찮겠지만 받아쓰기를 잘하면 메모 능력도

우수해지고 공부에 많은 도움이 되지.

틀리기 쉬운 맞춤법

자주 틀리는 말은 꼭 기억해 두도록 하자!

- '웬'과 '왠'

  '웬'은 '어찌', '어떻게', '무슨'이라는 의미를 담고 있을 때 쓰고, '왠'은 '왜인지'의 줄임말이라 이유를 담고 있을 때 사용해. 그런데 '웬일이니, 웬일, 웬만큼, 웬만히, 웬만하면' 등 대부분 '웬'을 쓰고 '왠'이 쓰이는 경우는 '오늘은 왠지'처럼 '왠지'밖에 없지.

- '-로서'와 '-로써'

  '아버지로서', '대통령으로서' 등 지위나 신분 또는 자격을 나타낼 때는 '-로서'를 붙이고,
  '쌀로써', '대화로써' 등 수단이나 도구를 나타낼 때는 '-로써'를 써.

- 끝이 '이'나 '히'로 끝나는 낱말

깨끗이, 가까이, 반듯이 등 '이'로 소리 날 때는 '이'로 쓰고 급히, 특히, 엄격히, 정확히 등 '히'로 소리 날 때는 '히'로 적고 솔직히, 가만히, 쓸쓸히, 분명히, 열심히, 도저히 등 '이'로도 소리 나고 '히'로도 소리 날 땐 '히'로 적어.

× ➡ ○	× ➡ ○
가까와집니다 ➡ 가까워집니다	어떻해 ➡ 어떡해
문안하다 ➡ 무난하다	오랫만에 ➡ 오랜만에
(공부를) 가르킨다 ➡ 가르친다	뻐꾹이 ➡ 뻐꾸기
계시판 ➡ 게시판	설겆이 ➡ 설거지
않하고 ➡ 안 하고	없슴 ➡ 없음
공부할 꺼야 ➡ 공부할 거야	(김치를) 담궈 ➡ 담가
괴로와 ➡ 괴로워	(시험을) 치루다 ➡ 치르다
꺼꾸로 ➡ 거꾸로	(정답을) 마추다 ➡ 맞추다
몇일 동안 ➡ 며칠 동안	(옷을) 마추다 ➡ 맞추다
눈꼽 ➡ 눈곱	(병이) 낳았다 ➡ 나았다

머리보다 더 똑똑한 메모

기억은 사라지지만 메모는 사라지지 않아.

초등학교에서는 노트 정리할 것이 별로 없어.

하지만, 공부 잘하는 학생은

배운 내용이나 기억할 것을 메모하고 있지.

배운 내용을 메모할 때는

간단한 문장으로 필요한 내용만 정확하게 적어.

대강 적어 놓으면 나중에 볼 때 헷갈리거든.

친구에게 하고 싶은 말, 공부에 대한 질문거리,

부모님이 시키신 일, 마음에 드는 시,

텔레비전 주인공이 한 멋진 말,

가끔씩 떠오르는 아이디어 등이 있다면 메모해 봐.

우수한 머리보다 무딘 연필이 앞서니까.

국어놀이를 하자

놀면서 국어 공부를 하는 방법!

- **흉내 내는 말을 몸짓으로 표현하기**

'엉금엉금', '폴짝폴짝'과 같이 모양을 흉내 내는 말 카드를 준비하거나 책 속에 흉내 내는 말이 나오면 몸짓으로 흉내 내는 거야.

- **"왜? 왜? 왜? 왜? 왜?"**

"왜?"라는 반복되는 질문에 계속 답하는 놀이야. 처음에는 구체적인 질문을 하면서 까닭을 묻고, 그 까닭에 답하면 "왜?"라고 계속 묻는 거지. 계속 질문을 하다 보면 까닭에 대해 잘 생각할 수 있을 뿐만 아니라 재미도 있을 거야.

예) 너는 왜 축구를 좋아하니? – 축구가 재미있으니까요.
왜 재미있는데? – 공을 이리저리 굴리는 게 재미있어요.
왜 굴리는데? – 공이 동글동글해서 잘 구르잖아요.
왜 동글동글할까?

- **아나운서 되기**

    집에서 가족들이 하는 일을 잘 관찰하고 동작 하나하나를 말로 표현해 봐. 이런 활동은 묘사하는 능력을 기르는 데 많은 도움이 되지.

    ㉠ 엄마가 고무장갑을 끼었어요. 그리고 수세미에 세제를 묻혀요. 그릇을 닦아요. 그릇이 깨끗해졌어요. 엄마는 설거지를 참 잘해요.

    ㉠ 엄마가 콩나물을 삶았어요. 그리고 체에 걸렀어요. 참기름과 고춧가루를 넣고 버무렸어요. 참 맛있어요. 엄마는 요리를 참 잘해요.

- **만화 영화 더빙하기**

    좋아하는 만화 영화가 있다면 소리를 완전히 줄인 뒤 등장인물이 어떤 말을 했을지 상상하며 등장인물이 되어 말을 하는 거야.

- **기분을 나타내는 낱말 찾기**

  기분을 나타내는 말 카드를 만들어. 카드 한 면에는 '즐거워'라고 기분을 나타내는 말을 쓰고 뒷면에는 'ㅈㄱㅇ'라고 쓰는 거야. 그리고 상대방에게 'ㅈㄱㅇ'를 보여 준 뒤 기분을 나타내는 말을 맞추게 하거나 행동으로 힌트를 주어 맞추게 하는 거야.

  예) 즐거워. 슬퍼. 쓸쓸해. 애달파. 서러워. 기뻐. 화나. 행복해. 고마워. 좋아. 무서워. 두려워. 괴로워. 귀찮아. 놀라워. 미안해. 창피해. 부러워. 불안해. 서운해. 신경질 나. 심심해 등

- **편지 쓰기**

  동화를 읽거나 만화 영화를 본 뒤 그림으로 나타내거나 등장인물에게 편지쓰기 활동을 해 봐.

- **끝말잇기**

  가족들과 함께 국어사전을 사용하여 끝말잇기 게임도 해 봐.

수학은 매일매일

수학은 생활에서 많이 사용되는 숫자를 다루는 교과야.
그리고 문제의 답이 분명하지!

그래서 수학적 사고력이 좋으면 어떤 문제에 부딪혔을 때 빨리 해결할 수 있는 힘이 생겨. 수학과 친해지고 계산력이 좋아지려면 수학과 관련된 이야기책을 많이 읽고 3·6·9 게임 같은 수학 놀이를 많이 하면 좋아.
숫자를 또박또박 쓰면서 연산 학습을 반복적으로 하고 수학, 수학 익힘책, 문제집의 순서대로 공부하며 많이 풀기보다는 틀린 문제를 다시 풀어봐야 하지.
1학년 때 수학의 기초를 잘 잡아야 자신감이 생겨. 아니면 다음 학년에서 공부하기 힘들고 흥미가 떨어지지. 그래서 수학은 매일매일 꾸준히 공부해야 해.

수학놀이를 하자

놀면서 수학 공부를 하는 방법!

- **바둑돌 빨리 세기**

  두 사람이 마주 보고 앉아 서로 100개의 바둑돌을 준비해. 그리고 각자 몇 웅큼씩 집어서 상대방 앞에 내려놓고 동시에 바둑돌을 세기 시작해서 빨리 세는 사람이 이기는 거야. 자꾸 하다 보면 묶어서 세는 것이 빠르고 정확하다는 것을 깨닫게 되지.

- **5 만들기**

  0부터 5까지의 수가 적힌 카드 3벌을 준비해. 모두 18장의 카드를 바닥에 놓고 뒤집은 뒤 서로 번갈아 가며 두 장씩을 뒤집어. 뒤집힌 수의 합이 5가 되면 카드를 갖는 거야. 합이 5가 되지 않으면 다시 뒤집어 놓는 거야.

- **자동차 번호판의 수 더하기**

  주차된 차나, 차를 타고 이동하면서 앞에 있는 자동차를 보면 뒤쪽에 네 자리의 수가 적힌 번호판을 볼 수 있지? 처음에는 앞의 두 자리와 뒤의 두 자리를 더해 봐. 익숙해지면 네 자리를 모두 더하는 거야.

- **칠교놀이 하기**

  '칠교놀이'란 세모 모양 5개와 네모 모양 2개를 가지고 여러 가지 모양을 만들며 노는 전통놀이야. 색종이에 아래 그림처럼 그린 뒤 세모와 네모 모양으로 오려 만들어 봐. 처음에는 자유롭게 여러 가지 모양을 만들다가 익숙해지면 일정하게 주어진 모양에 맞추는 것도 좋아.

- **숫자 알아맞히기**

  상대방의 눈을 가리고 손바닥이나 등에 수를 쓰게 한 뒤 상대방이 어떤 수를 썼는지 알아맞히는 놀이야.

예습과 수업, 복습의 순서대로 공부하자

예습이란 수업 전에 하는 공부!
복습이란 수업 후 배운 것을 다시 보는 공부!

예습은 부담 없이 교과서를 읽는 정도만 하면서
잘 모르는 것과 궁금한 것을 찾아 표시해 둬.
그러면 수업에 더 집중해서 참여하고
더 많은 것을 받아들일 수 있으니까.
복습은 그날 배운 공부를 그날 다시 한 번 봐야 해!
우리 기억은 배운 것의 절반을 다음 날 잊어버려.
그러므로 배운 것을 빨리 다시 살펴봐야 하지.
그렇지 않으면 거의 다 잊어버리게 되거든.
그래서 복습하는 습관은 공부하는 데 무척 중요해.
예습과 수업, 복습의 순서대로 공부하면
오래오래 기억할 수 있을 거야.

실천하는 것이 진짜 공부야

예절을 잘 지키는 어린이는 모두가 좋아한단다.

통합 교과서 속에 들어 있는 '바른 생활' 교과는
생활에 필요한 기본 생활 습관과 예절에 대해 배우고
규칙을 실천하는 방법에 대해서도 배우는 교과야.
나의 몸 깨끗하게 하고, 자세 바르게 하기
스스로 준비하기
바르게 인사하고 식사 예절 지키기
친구와 사이좋게 지내며 환경 보호하기
차례와 규칙 등 질서 지키기
우리나라를 나타내는 것을 알고 나라 사랑하기
이런 것들은 머리로 기억하면 안 되는 거야.
배운 것을 행동으로 실천하는 것이 진짜 공부지.

사회에서 일어나는 일을 이해하자

우리는 커다란 사회 속에서 생활하고 있어.
그래서 사회에서 일어나는 일에 관심을 가져야 하지.

가장 좋은 방법은 신문이나 뉴스를 보는 거야.
신문과 뉴스는 수많은 정보가 있는 살아 있는 교과서야.
그런데 신문을 다 읽거나 긴 뉴스를 보는 것은 힘들어.
제목만 훑어보고 '왜?'라는 질문을 만드는 것이 좋지.
그리고 부모님과 이야기를 나눠 봐!
역사, 문화 등에 관심을 갖고 이해하려면
직접 가서 보는 것이 제일 좋아.
이때, 지도를 보는 것이 도움이 되지.
답사를 계획할 때 지도를 놓고 이동하는 길을 정하거나
답사가 끝난 후 다녀온 곳을 지도에서 찾아보는 거야.
이렇게 얻은 풍부한 지식은 학교 공부에도 영향을
끼치고 사회 속에서 다른 사람들과 더불어 살아갈
능력을 길러 주지.

관찰하고 실험하자

우리 주위에는 재미있고 신기한 과학이 숨어 있어.

생활 속에서 과학을 관찰하고 실험하는 건 어떨까?
식물을 기르며 관찰하고 기록을 남기는 것은
관찰력을 기르는 데 도움을 줘.
풀잎으로 피리 소리를 내어 보기,
식물의 줄기를 휘게 만들기,
나무가 흘리는 땀을 관찰하기,
나뭇잎에 이름 새기기 등 생활 속의
과학 실험을 부모님과 함께해 봐.
관찰이나 실험이 어렵다면
과학 잡지나 과학 관련 책을 읽는 것도 좋아.
관찰과 실험은 과학에 흥미를 갖게 할 뿐만 아니라
스스로 공부하는 힘을 기를 수 있게 도와줄 거야.

예체능 하나쯤은 취미 생활로 배우자

연극, 음악, 미술, 운동 등의 활동에서
재능이나 성격에 맞는 것 하나쯤 스스로 선택해서
1년 이상 꾸준히 배워 봐!

연극 학원에서 실감 나게 말하는 활동,
음악 학원에서 피아노 같은 악기 연주 활동,
미술 학원에서 오리고 붙이고 그리는 활동,
운동 학원에서 무용, 태권도 같은 운동을 하는 것은
학교에서 배울 수 없는 또 다른 공부를 배우는 거야.
예체능 활동을 꾸준히 하면 집중력을 기르는 데
도움이 되고 공부로 인한 스트레스를 해소시켜
주기도 해서 공부 실력도 늘어나게 되지.
다양한 활동에서 배우는 여러 지식도 공부니까.

안전도 공부다

공부하는 데 있어서 건강도 중요하지만 안전하게
생활하는 것도 무척 중요해. 다치면 아무 소용없잖아?

- 등·하굣길, 교실과 복도, 계단 안전하게 다니기.
- 학용품 안전하게 사용하기.
- 승강기, 에스컬레이터 등 안전하게 이용하기.
- 식중독이나 감염병에 걸리지 않기.
- 횡단보도와 신호등 지키기.
- 자전거나 대중교통 안전하게 타기.
- 언어폭력이나 따돌림 등의 학교폭력 주의하기.
- 컴퓨터, 스마트폰 중독되지 않기.
- 코피나 상처가 났을 때의 응급처치 요령 알기.

방심하지 말고 늘 주의를 기울이며 안전하게!

평가를 두려워하지 마

초등학교 1학년에게 시험은 없지만
평가가 전혀 없는 것은 아니야.

받아쓰기, 단원평가, 관찰평가, 수행평가 등이 있지.
이러한 평가는 결과가 나오면 서로 비교가 되기
때문에 누구에게나 스트레스가 될 수 있어.
그래서 평가를 두려워하면
온몸에 힘이 없어지고 손발이 떨리거나
진땀을 흘리며 머리나 배가 아프기도 해.
하지만 평가를 볼 땐 얼굴을 찌푸리기보다는
웃어 봐. 그러면 마음의 안정을 얻을 수 있지.
그리고 집에서 실제 시험을 치르는 듯한 분위기 속에서
문제를 풀어 보거나 가족들 앞에서 평가받는 자세로
연습하는 것도 좋아!

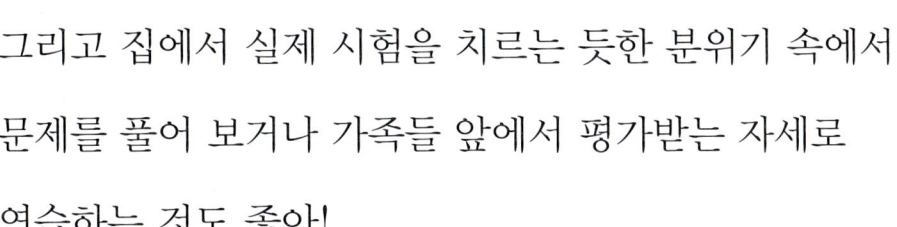

놀기도 잘해야 공부도 잘한다고?

활동적으로 잘 노는 아이가
공부도 활동적으로 잘해.

공부를 잘하려면

학교에서도 친구들과 놀지 않고 책만 봐야 한다고?

아니야! 학교에서는 친구들과 잘 놀아야 해!

학교에서는 친구들과 표현 활동을 하는 공부가 많아.

놀이와 표현 활동을 통해 몸을 많이 움직이면

대근육도 발달해 조작 능력이 좋아지고

뇌가 발달해서 인지 능력과 감정 조절 능력이

높아지며 공부에 대한 집중력도 높아지고

스트레스도 덜 받고 자신감도 생기지.

그래서 활동적으로 잘 노는 아이가

공부도 활동적으로 잘하는 거야.

창의력을 기르자

공부 잘하는 아이들은 대부분 창의력이 우수해.

남과 다른 생각이 바로 창의력이야.

창의력은 타고난 것이 아니라 노력으로 기를 수 있지.

만약에 내가 공, 개미, 사과, 선생님이라면 어떨까?

밥그릇, 수저, 줄넘기 등을

원래의 쓰임 말고 다르게 쓸 수는 없을까?

옷(신발, 가방, 아이스크림, 의자 등)을 가지고

기능과 원리를 바꾸어 여러 가지 종류의 옷을 만들어 봐!

찰흙, 모래, 밀가루, 블록 등을 자주 가지고 놀아 봐!

창의력은 공부뿐만 아니라

힘든 상황에 부딪혔을 때 해결 방법을 찾는 힘이 될 거야!

앞장서자

리더십이란 지도자로서의 능력이야!

대통령이나, 회사 사장 또는 학급 회장처럼
많게는 수천만 명에서 적게는 수명까지 다른 사람의
생각과 행동에 영향을 미치는 능력이지.
리더십을 가지려면 자신보다
남을 먼저 생각하고 "내가 할게!" 하고
모든 일에 앞장서며 적극적이어야 해.
작은 일이라도 스스로 선택하고 계획을 세워 해결하고
끝까지 책임감을 갖고 행동해야 해.
때로는 남들이 하기 싫어하는 일도 하고
리더로서 무거운 책임도 져야 해.
리더십을 기르는 것도
훌륭한 인생 공부라는 것을 기억해!

친구와 잘 지내는 법

학교 공부는 친구와 함께하는 활동이 많아.
그래서 친구와 잘 지내야 공부도 잘할 수 있지.

친구와 사이좋게 지내기 위해서는

긍정적이고 자신감을 가져야 해.

그래야 친구들에게 짜증을 내지 않고

잘 안 되더라도 "그럴 수 있지, 다시 하자."라며

마음의 여유를 갖고 친구를 도와줄 수 있거든.

친구와 금세 친해지고 싶다면 친구들의 이름을 빨리 외워!

사귀고 싶은 친구가 있다면 먼저 말을 걸고

항상 밝은 웃음으로 친구를 칭찬해 줘!

무엇보다 친구와 잘 지내기 위해서는

자신이 먼저 좋은 친구가 되어 주어야 하지.

친구야, 내가 가르쳐 줄게

공부도 소꿉놀이처럼 해 봐!
내가 선생님이 되는 거지.

화이트보드를 칠판처럼 사용하고 친구에게 문제를 풀어 보게 하며 같은 문제집을 풀면서 서로 모르는 것을 물어보기도 하고 선생님이 되어 시험 문제를 내는 거야. 그렇게 하면 재미있게 공부할 수 있겠지?
열 번 공부하기보다는 한 번 가르치는 게 나으니까.
게다가 덤으로 좋은 친구도 얻을 수 있잖아?

친구 이름에 '님'을 붙이라고?

존댓말은 상대에 대한 존중의 표시이고,
인사는 가장 기본적인 배려의 모습이야.

부모님에게 존댓말을 쓰는 것처럼
친구 사이에도 존댓말을 써 봐.
존댓말을 쓰면 거리감이 느껴져 싫다고?
반말을 쓰는 게 친하다는 것은 착각이야.
존댓말을 쓴다고 멀어지는 건 절대 아니지.
오히려 함부로 말하는 것이 서로에게 상처를 주기 쉬워.
"선생님, 안녕하세요?" 하고 인사하는 것처럼
친구에게 "OOO님, 안녕하세요?" 하고 인사해 봐.
인사를 잘하는 사람을 싫어하는 사람은 없어.
그래서 인사를 잘하는 사람은
어디에서나 환영 받지.

체험 학습을 하자

공부는 집, 학교, 학원에서만 하는 게 아니야.

이 세상 모든 장소가 공부할 장소이고 모든 것이 공부야.
집, 학교, 학원에서 얻을 수 없는 것을 많이 체험할수록
꿈이 커지고 공부에 대한 의욕도 높아지지.
박물관과 미술관 견학, 음악회 공연 관람,
영화 관람, 캠핑 체험 등 체험 학습을 많이 해!
세상을 보는 눈과 생각의 폭이 넓어지고,
자신감을 얻고 기분 전환도 될 테니까.
체험 학습을 할 때는
무조건 부모님의 의견에 따라 장소를 정하기보다는
자신이 가고 싶거나 경험하고 싶은 것을 말해 봐!
세상은 넓고 배울 곳은 많으니까.

솔직한 일기를 쓰자

일기란 그날 자신이 경험하고 느끼고 생각한 것 중에서
가장 중요한 것을 골라 솔직하게 쓴 글이야.

일기를 쓰면 관찰하고 생각하는 힘과 글로 표현하는 힘이 길러져. 1학년은 긴 글을 쓰기 힘들어서 그림일기를 쓰는 게 좋아. 하지만 그림 그리기에 자신이 없으면 짧은 글로만 써도 괜찮아.

일기 쓰려면 시간과 장소, 대상을 생각하며 하루를 되돌아봐. 그중에서 가장 기억하고 싶은 일기 소재를 한 가지 고른 뒤 날짜, 요일, 날씨를 쓰고 제목을 붙여. 그리고 떠오르는 장면을 그리고 이야기하듯 대화체를 많이 쓰면 살아 있는 일기가 될 거야.

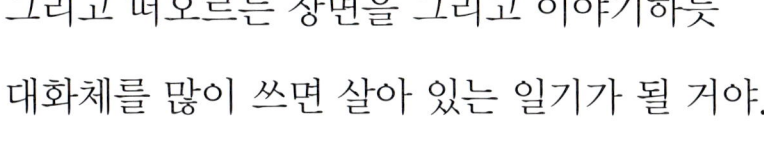

6월 12일 화요일
오늘 아침에 학교에 가는데
미친 개가 쫓아와서
학교에 일찍 도착했다.

방학을 잘 이용하자

방학 동안 공부하는 것을 멈춘다고?
방학은 부족한 공부를 보충할 기회야.

복습, 선행 학습, 독서, 취미 활동, 체험 학습 등
부족했던 것을 조금씩 하면서
'이번 방학에 이것만은 꼭 하자!'라는 목표를 정하고
한 가지는 집중적으로 하는 것이 필요해.
그러면 초등학교 12번의 방학 동안 12개를 할 수 있지.
가장 중요한 것은 방학이더라도 학교 다닐 때처럼
계획표를 세우고 자고 일어나는 시간,
식사 시간 등 시간을 규칙적으로 지켜야 해.
그래야 자신의 실력이 쑥쑥 늘어나는 방학이 되지.

공부 안 하는 학생의 습관을 갖지 말자

공부 안 하는 학생들의 습관은 버려!
어떤 것들을 버려야 할까?

- 공부 시간은 안 지키고 텔레비전 보는 시간은 꼭 지킨다.
- 책상에 앉으면 주변 정리하는 데 시간을 다 쓰고
- 실제 공부는 얼마 못한다.
- 텔레비전, 컴퓨터를 보는 건 스트레스 해소용이라고 한다.
- 책상에 앉아 공부하다가 침대에 엎드리고,
- 침대에 누워서 공부하다 결국 잔다.
- 조금만 자려고 했는데 눈 뜨면 아침이다.
- 머리는 좋은데 공부를 안 해서 못한다고 생각한다.
- 공부보다 인간성이 더 중요하다고 굳게 믿는다.
- 학교는 친구를 사귀는 곳이라고 생각한다.
- 학교도 제대로 나오지 않고 공부를 못한 위인만 기억한다.

이런 생각을 한다면 자신을 돌아봐야 해.

국어 교과서(3학년 2학기)에서 안녕 자두야 를 만나세요!

우리 문화에 대한 지식과 자부심을 심어 주고자 합니다.

우리 조상들이 남겨 놓은 유·무형의 문화유산들을
수수께끼를 통해 알아봅니다.

수수께끼랑 놀자 시리즈 | 각 권 값 10,000원 | 올컬러
① 우리 문화유산에는 어떤 수수께끼가 담겨 있을까?
② 우리 전통과학에는 어떤 수수께끼가 담겨 있을까?
③ 우리 명절에는 어떤 수수께끼가 담겨 있을까?
④ 불가사의 세계 문화유산 수수께끼

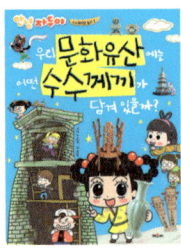   

자두와 떠나는 아주 특별한 계절 여행

계절의 참모습을 담은 세밀화와 함께 우리나라의
자연과 문화의 소중함을 가르쳐 줍니다.

계절 여행 시리즈 | 각 권 값 9,000원 | 올컬러
① 자두의 가을 여행 ② 자두의 겨울나기 ③ 자두의 봄나들이 ④ 자두의 여름 이야기

재미 솔솔~ 지식 쑥쑥!
역사의 흐름이 한눈에 보인다!

각 시대의 인물, 사건, 제도, 생활 모습 등을
구분하여 설명했기 때문에 역사의 흐름을
단숨에 파악할 수 있습니다.

역사 일기 시리즈 | 각 권 값 9,500원 | 올컬러
① 두근두근 역사 일기 [조선 시대] ② 콩닥콩닥 역사 일기 [고려 시대]

몰래 하는 모든 것은 재미있어요!

선생님 몰래, 엄마 몰래, 친구 몰래
혼자만 간직하고 싶은 이야기가 가득합니다.

쉿! 비밀이야 시리즈 | 각 권 값 9,000원 | 올컬러
① 쉿! 비밀이야 선생님 몰래 ② 쉿! 비밀이야 엄마 몰래 ③ 쉿! 비밀이야 친구 몰래
④ 쉿! 비밀이야 아무도 몰래

국어 기초 어휘를 놀면서 공부합니다!

자두와 함께하면 까다로운 공부도 즐거운 놀이가 됩니다!

놀자 시리즈 | 각 권 값 9,000원 | 올컬러
① 안녕 자두야 속담이랑 놀자 ② 안녕 자두야 수수께끼랑 놀자

 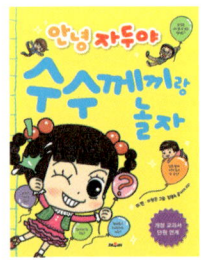

자두가 가장 궁금해하는 과학 상식 25가지

과학 속에서 부딪히는 궁금증을 알차고 명쾌하게 풀어 줍니다.

과학 일기 시리즈 | 각 권 값 9,500원 | 올컬러
① 동물　② 똥과 방귀　③ 인체　④ 식물　⑤ 지구와 달
⑥ 곤충　⑦ 우주　⑧ 화산과 지진　⑨ 날씨와 생활
⑩ 인공 지능　⑪ 미세먼지

아이들의 상상력에 날개를 달아 주는 이야기!

주변의 익숙한 것들이 사라지는 상상을 통해 일상의 소중함을 깨우쳐 줍니다!

수상한 일기장 시리즈 각 권 값 9,000원 | 올컬러
① 우리 학교가 사라졌어요!　② 엄마 아빠가 사라졌어요!
③ 학원이 사라졌어요!

교과서를 분석하여 꼭 알아야 할 단어만을 뽑았습니다!

교과서 낱말퍼즐 시리즈 | 각 권 값 9,000원 | 올컬러
① 1·2학년 공부의 기초 교과서 낱말 퍼즐
② 3·4학년 공부의 기초 교과서 낱말 퍼즐

자두의 일기장에는 어떤 비밀이 숨겨져 있을까?

일기를 통해 아이들의 다양한 감정을 솔직하게 표현할 수 있도록 도와줍니다.

일기장 시리즈 | 각 권 값 9,000원 | 올컬러
① 자두의 고민 일기장　② 자두의 비밀 일기장　③ 자두의 꿈 일기장　④ 자두의 행복 일기장　⑤ 자두의 나쁜말 일기장　⑥ 자두의 부자 일기장
⑦ 자두의 짝사랑 일기장　⑧ 자두의 백점 일기장　⑨ 자두의 독서 일기장　⑩ 자두의 왕따 일기장　⑪ 자두의 칭찬 일기장　⑫ 자두의 호기심 일기장
⑬ 자두의 놀이 일기장　⑭ 자두의 감정 일기장　⑮ 자두의 과학 실험 일기장　⑯ 자두의 거짓말 일기장

채우리　도서 문의 02-828-8985